AF260335

OBSERVATIONS

DU

GÉNÉRAL KHERREDDINE

SUR LES

PIÈCES PRÉSENTÉES PAR M. BENAÏAD

A L'APPUI DE SES RÉCLAMATIONS

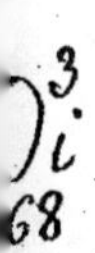

OBSERVATIONS

DU

GÉNÉRAL KHERREDDINE

SUR LES

PIÈCES PRÉSENTÉES PAR M. BENAÏAD

A L'APPUI DE SES RÉCLAMATIONS.

1856

RÉCLAMATIONS DE M. BENAÏAD.

Premières questions posées par le Comité et réponses du général Kherreddine au sujet des réclamations de M. Benaïad.

N° 1. *Délégation du Bey à Benaïad, de piastres* 3,118,325 3/4.

Demander : 1° Le détail des comptes de Benaïad auxquels renvoyent les réponses des Tunisiens, consulter les pages 14 et 27.

2° Le compte de djoumad-el-aoual 1264 entre Benaïad et le gouvernement tunisien.

Dans sa septième production, le soussigné a présenté le détail des comptes de M. Benaïad avec le gouvernement, dans lesquels se trouve le compte arrêté en djoumad-ewel 1264; on voit dans ce compte, portées au débit de M. Benaïad, piastres 1,624,770, (voir page 14 de la pièce 55) qu'il avait touchées en vertu de la délégation qui lui avait été faite en 1262 par Son Altesse de 3,118,325 piastres 3/4 sur le sabtab, et ce, à valoir sur le compte courant entre le gouvernement et M. Benaïad, ainsi que pour faire face aux dépenses du voyage de Son Altesse (voir page 27 de ladite pièce).

Pour plus amples explications à ce sujet, on renvoie aux pages 1, 2 et 3 de la réponse du soussigné aux questions posées par le comité sur les réclamations de M. Benaïad et à nos observations sur ses pièces composant la septième communication.

3° L'origine de la créance de 1,500,000 piastres qui devaient être échangées contre autant de francs par Benaïad.

En 1259, M. Benaïad prit en fermage du gouvernement, entre autres services, celui de la ghorfa, consistant en fournitures à faire en draps, étoffes et autres articles de provenance européenne. M. Benaïad pour faire de gros bénéfices sur ces achats, voulut se passer de l'intermédiaire des négociants de Tunis, et faire venir directement ces marchandises d'Europe pour son propre compte; mais pour opérer ainsi, il lui fallait de fortes sommes, et n'ayant alors ni les prétendus dix millions de piastres que dans sa biographie ou plutôt son illustration, il dit avoir reçus de sa mère, ni cette immense fortune dont il s'est vanté plus tard dans cette discussion, il demanda à Son Altesse de lui prêter 1,500,000 piastres, ce qui fut fait, moyennant l'engagement par lui pris de rembourser cette somme en autant de francs, c'est-à-dire de rendre 1,500,000 francs pour les 1,500,000 piastres.

Lorsqu'en 1264, le quatrième compte courant de M. Benaïad fut établi, on porta à son débit 1,800,000 piastres, prix des 1,500,000 francs dont il ne s'était pas encore acquitté; mais M. Benaïad avait de son côté porté à son crédit 979,827 piastres représentant 796,900 francs de traites qu'il avait achetées en 1262 pour compte du gouvernement. M. Benaïad trouvant à ce moment plus avantageux de liquider les 1,500,000 francs en monnaie de même nature, demanda alors de déduire les 796,900 f. de traites des 1,500,000 francs, et d'être crédité de la différence entre les 979,827 piastres et les 1,800,000 portées à son débit, soit de piastres 820,173, ainsi qu'il résulte du compte relaté page 39 du redressement des questions, dont le solde fut réglé au débit de M. Benaïad par 261,519 piastres; compte qui du reste n'a rien de commun avec celui relatif à la délégation de piastres 3,118,325 3/4 sur le sabtab, si ce n'est que M. Benaïad a passé l'achat des traites sur France, qui était une des causes de cette délégation, au compte des 1,500,000 francs.

Mais comme la somme de 1,500,000 francs a été remise à M. Benaïad en 1259 et la délégation en 1262, l'application des 796,900 francs de traites, soit aux 1,500,000 francs, soit aux 3,118,325 3/4 de la délégation, ne signifie rien et ne laisse pas moins ces deux sommes tout-à-fait distinctes et sans relation aucune.

Demander aux Tunisiens :

1° Le compte de rebi-el-tani 1266.

2° L'explication de l'erreur de chiffre du compte du 24 zilcade 1264, comparativement à celui de djemed-el-aoual 1264.

N° 2. *Créance de 671,208 piastres.*

L'erreur en question et que signale M. Benaïad pour trouver les agents tunisiens en défaut, est tout simplement une erreur d'impression.

En effet, l'original du compte de djoumal-ewel 1264, existe dans un registre rouge présenté par M. Benaïad et faisant partie de la septième communication ; de plus, la copie de ce compte est inscrite sur les registres du gouvernement (pièce 55), et l'on trouve que le crédit donné à M. Benaïad dans ledit compte est dans l'original comme dans la copie de 15,901,594 piastres et non de 15,981,594, comme il a été porté par erreur dans la note supplémentaire imprimée.

Ainsi le débit étant de piastres.... 16,557,358 12 6

Et le crédit de.... .... 15,901,594 0 7

M. Benaïad reste bien débiteur de piastres. 655,764 12 0 somme portée au compte de zilcade 1264 ; ainsi le crédit de 15,901,594 0 7 porté dans le compte produit par M. Benaïad, celui transcrit sur les registres du gouvernement, qui n'en est que la copie, le solde porté au compte de zilcade 1264, prouvent suffisamment que la différence de 80,000 piastres signalée, n'est et ne peut être qu'une erreur de copiste d'abord, et puis de l'imprimeur, qui trouvant la soustraction fausse, a pris sur lui de la corriger dans tout l'article.

On le voit, l'explication de l'erreur signalée est bien simple et toute naturelle, une erreur de copiste, d'imprimeur, et pas autre chose, et c'est à ce sujet que M. Benaïad ose dire qu'on ne doit pas se fier aux agents tunisiens, lui qui n'a pas craint de profiter d'une faute d'impression pour chercher à s'approprier les 80,000 piastres d'erreur qu'elle donnait, en omettant à dessein dans sa septième communication, de relater dans la traduction du compte, le reliquat qui se trouve cependant mentionné dans le texte arabe.

En vérité, on ne sait ce qui doit plus surprendre ou de l'audace de M. Benaïad ou de sa mauvaise foi.

Mais tout ceci ne fait pas que la réclamation de M. Benaïad au sujet des 671,208 piastres soit fondée ; créancier, il est vrai, de cette somme pour solde du compte du 24 zilcade 1264 (page

30 de la pièce 55), *il en a été crédité* dans le compte suivant du 30 rebi-el-tani 1266 (voir page 36 de ladite pièce 55), il nous semble que c'est concluant !

Le soussigné, en terminant cet incident, croit devoir faire remarquer que rien dans tout le cours de ce débat, n'a jamais pu faire suspecter la loyauté de sa conduite, et que, quant à lui, il sera toujours prêt à reconnaître et à redresser immédiatement toute erreur qui pourrait s'être glissée dans des comptes aussi nombreux et aussi compliqués que ceux relatifs à cet important débat.

N° 3. *Créance de 1,450,000 piastres relative à la ferme des tabacs.*

Le soussigné a déjà présenté dans sa première production douze reçus de M. Benaïad et de ses agents, s'élevant à piastres 1,996,842 ; pour les explications concernant cet article, voir pages 4 et 5 de notre réponse, aux questions posées par le comité, sur les réclamations de M. Benaïad.

N° 4. 2,254,964 *piastres pour fournitures diverses.*

Dans sa réponse aux questions posées par le comité, le soussigné a dit que M. Benaïad avait présenté à Si Boukris un compte pour être dressé, s'élevant à 1,671,804 4 7 1/2 piastres, accompagné de pièces justificatives sur quelques articles seulement ; lors du dressement du compte, le notaire Si Boukris demanda les pièces pouvant justifier les articles du compte non encore établis, M. Benaïad n'en ayant pas fourni, le compte demeura en suspens ; sur ces entrefaites, Son Altesse tomba malade, et sur les instances de M. Benaïad, les pièces justificatives, c'est-à-dire les teskérés fournis par M. Benaïad, furent remis à ses agents à Tunis ; dans cet état de choses, la pièce n° 99 qui n'est que la copie du compte présenté par M. Benaïad, et que le soussigné s'empresse de produire, ne peut valoir contre le gouvernement, les teskérés seuls pouvant établir les preuves relatives au susdit compte.

N° 5. 1,243,944 *piastres, ferme des tabacs.*

Les reçus demandés ne sont pas encore venus de Tunis, mais le soussigné n'en est pas moins fondé à faire remarquer dès à payés, disent-ils, à Benaïad, et la preuve que ces reçus correspondaient à cette nature de créance.

présent à la commission, que le chiffre réclamé par M. Benaïad est évidemment exagéré ; qu'en réalité il ne s'élève qu'à piastres 962,827, car M. Benaïad prouve lui-même qu'il ne peut être plus élevé : 1° par le détail du compte d'où ressort la somme dont il s'agit ; 2° par le teskéré du kasnadar, qui lui a été délivré sur la ferme des tabacs lors du dressement de ce compte entre le directeur et les agents de M. Benaïad par ordre du ministre ; ces deux pièces sont par lui fournies dans sa septième communication.

N° 6. 1,000,000 *piastres Metellit et hôtel de la Monnaie.*

Demander la pièce n° 14 ; voir la page n° 43 des comptes de Benaïad relativement à Metellit.

Au sujet de cet article on renvoie à la page 7 de la réponse du soussigné aux questions posées par le comité sur les réclamations de M. Benaïad. Quant à la pièce n. 14, elle a déjà été produite dans notre deuxième communication, et la page 43 des comptes de Benaïad relate les comptes formant la pièce n° 55 présentée par le soussigné dans la septième production.

Relativement à la Monnaie, le gouvernement réclamait à M. Benaïad le montant de son fermage ; ce dernier le refusant sous prétexte qu'il n'avait pas fait fabriquer de monnaie, le soussigné s'est empressé de produire les preuves contraires à cette assertion et celles à l'appui de sa réclamation.

Touchant la monnaie demander les reçus promis de part et d'autre.

M. Benaïad réclamant de son côté certaines sommes déposées par lui à la Monnaie et non retirées par lui ou ses agents, il doit par des reçus constater le fait et justifier du montant de ces sommes ; lorsqu'il fera cette justification, alors le soussigné opposera aux sommes qu'il prétendra n'avoir pas retirées de la Monnaie, des reçus de M. Benaïad ou de ses agents, sauf à admettre le solde qui résultera du compte entre des sommes consignées dans les reçus réciproquement communiqués.

N° 10. 2,000,000 *piastres au minimum, ferme des cuirs et des tabacs.*

Demander les registres mentionnés par les Tunisiens.

Les copies des registres demandées, dûment légalisées, ne sont pas encore venues de Tunis, mais en attendant, le soussigné produit dans sa septième communication, l'extrait de ces registres donnant le total du compte qu'ils concernent.

Deuxièmes questions posées par le comité et réponses du général Kherreddine, au sujet des réclamations de M. Benaïad.

Créance de 1,450,000 piastres formant le solde pour les années 1268 et 1269 d'une délégation sur la ferme des tabacs.

Pour satisfaire à la demande du comité, le soussigné s'empresse de lui mettre sous les yeux la traduction des onze reçus communiqués en originaux à M. Benaïad, d'après lesquels ce dernier et ses agents ont reçu de la ferme des tabacs la somme de piastres 1,996,842 sur les deux millions qui lui ont été délégués pour les années 1267 et 1268, à valoir sur le compte des fournitures des habillements des troupes ; ce qui laisse M. Benaïad créancier seulement de piastres 3,158, et non de 450,000 comme il le prétend. Ici il s'agit de la délégation des années 1267 et 1268.

Le général Kherreddine est invité à fournir les preuves de de l'allégation par laquelle il soutient que le solde de la délégation ne doit s'élever qu'à 3,158 piastres.

Quant à celle de 1269, montant à un million, cette somme ne lui ayant été déléguée qu'à valoir sur les fournitures qu'il aurait à faire pendant ladite année, d'un côté M. Benaïad réclamant au gouvernement le total du montant du peu de fournitures qu'il a pu faire pendant les quelques mois de l'année 1269, de l'autre, M. Benaïad n'ayant pas été débité du million qui lui a été délégué, il en résulte que M. Benaïad n'a aucun droit de réclamer au gouvernement le montant de cette délégation.

1,243,944 piastres pour approvisionnement et fonds de roulement de la ferme des tabacs rendue au bey.

Les reçus attendus de Tunis pour la somme des 170,000 piastres reçues par les agents de M. Benaïad, d'Ahmed Zarrouk, directeur de la ferme des tabacs, ne sont pas encore arrivés. Dès qu'ils seront en son pouvoir, le soussigné s'empressera de les produire, et les 170,000 piastres devront être déduites du montant de l'approvisionnement et du fonds de roulement de la ferme des tabacs, qui s'élève non à piastres 1,243,944, somme à laquelle M. Benaïad élève sa réclamation, mais à 962,827,11 3 1/2, d'après compte réglé entre le gouvernement et les agents de M. Benaïad, pour solde duquel il a été délivré une délégation par le ministre sur le directeur des tabacs.

Le général Kherreddine est invité à prouver comme quoi Ahmed Zarrouk, successeur du général Benaïad dans la direction de la ferme des tabacs, aurait versé 170,000 piastres aux agents du général.

Paris, 21 avril 1856.

SEPTIÈME COMMUNICATION.

Liste générale des pièces produites à la septième communication, par M. Benaïad, concernant ses réclamations personnelles.

PREMIER DOSSIER.

Dossier N° 1. — 3,118,325 piastres et 12 kar. Délégation sur le sabtab.

Copie certifiée par M. Desgranges, ainsi que sa traduction.

Deux lettres, l'une du kasnadar, l'autre du bey ; la première en date du 4 redjeb 1267, la seconde du 12 redjeb 1268, citées dans la discussion du général Benaïad , relativement à cette affaire.

Dossier N° 1 bis. — Deux amras concernant le fermage et le règlement de la rabta.

Dossier N° 2. — Compte relatif aux dépenses du bey de Tunis pendant son voyage à Paris. Registre avec sa traduction.

Dossier N° 3. — Compte du général Benaïad avec le bey, en date de djemmad-el-ewel 1264, suivi du teskéré du bey, en date du 24 kada de la même année, constatant la dette du gouvernement de 671,208 piastres envers le général Benaïad.

Dossier N° 4. — Créance de 1,450,000 piastres, formant le solde pour les années 1268 et 1269 d'une délégation sur la ferme des tabacs.

Délégation du bey de Tunis de 1,000,000 piastres sur la ferme des tabacs pour 1269. (Pour cette délégation voir le détail sur la chemise n° 4 du présent dossier.)

Délégation du kasnadar pour la somme de 672,500 piastres pour différents fermages de 1269.

DEUXIÈME DOSSIER.

Dossier N° 5. — 2,254,964 piastres pour fournitures diverses que le général Benaïad a faites au gouvernement jusqu'au jour de son départ.

Dossier N° 6. — 1,243,944 piastres pour approvisionnement et fonds de roulement de la ferme des tabacs (déjà produit dans l'appendice à la troisième communication).

:Délégation du kasnadar sur Ahmed Zarrouk, pour un paiement de 962,827 piastres 8 et 3.

Ordre du kasnadar de délivrer au directeur de la ferme tous les titres de créance de Benaïad pour en opérer le recouvrement.

Lettre du kasnadar relative à l'argent perçu par lui sur les Métellits et l'hôtel de la Monnaie.

Traduction du dernier règlement du compte d'huile du général Benaïad, le constituant créancier de 17,637 métaux 1/4 de saâ.

Dossier N° 7.

Dossier N° 8.

N° 1, délégation sur le sabtab de piastres 3,118,325 12.

Copie certifiée par M. Desgranges, ainsi que sa traduction.

Deux lettres, l'une du kasnadar, datée du 4 redjeb 1267; l'autre du bey, datée du 12 redjeb 1268.

N° 1 bis, deux amras concernant le fermage et le règlement de la rabta.

N° 2, compte relatif aux dépenses du bey de Tunis pendant son voyage à Paris. (Registre avec sa traduction.)

Observations du général Kerreddine sur les pièces produites par M. Benaïad et à lui communiquées par la sous-direction du contentieux le 9 avril 1856.

Au commencement du règne de Son Altesse le bey défunt, M. Benaïad entra à son service tout à la fois comme fermier et comme agent; en cette dernière qualité, M. Benaïad était chargé d'acheter pour compte du gouvernement, soit à l'étranger, soit dans la régence même, des bois de construction, des marbres, des diamants, des armes, etc.

Dès lors en qualité d'agent, M. Benaïad avait un compte courant dans lequel on portait à son crédit le montant des achats qu'il effectuait d'ordre et pour compte du gouvernement, et l'on portait dans ce même compte, au débit ou au crédit de M. Benaïad, ce dont il restait débiteur ou créancier sur ses divers comptes de fermages, tels que la gorfa et la ferme des cuirs, de sorte que le compte courant était, pour ainsi dire, le compte général des opérations faites par M. Benaïad avec le gouvernement.

Ce compte courant fut arrêté pour la première fois entre les deux parties le 8 sfar 1261, et constitua M. Benaïad débiteur de 341,859,0,6 piastres portées à compte nouveau; le deuxième compte ayant été arrêté le 9 rebi-el-tani 1261, M. Benaïad se trouva alors débiteur de piastres 1,271,062,4; ce débit fut également porté au compte suivant, daté du

3 djemmed-el-tani 1262, qui solde au crédit de M. Benaïad par piastres 392,001,8.

Le quatrième compte, qui avait commencé en djemmed-tani 1262, portait au crédit de Benaïad le solde de 392,001 8, plus divers articles de crédit, et se trouvait encore ouvert en zilcade 1262, époque à laquelle Son Altesse, voulant visiter la France, chargea M. Benaïad d'acheter des traites pour les dépenses du voyage, et de diverses fournitures nécessaires au gouvernement ; M. Benaïad ayant demandé les moyens de remplir ces ordres, Son Altesse lui délivra alors la délégation en question sur Son Excellence le sabtab, chargé de l'intérim du gouvernement pendant l'absence de son souverain. Elle donna en même temps au sabtab l'ordre de verser le montant de la délégation à M. Benaïad par un teskéré conçu à peu près dans la même forme. Dix-huit mois après la remise de la susdite délégation, en djemmed-ewel 1264, fut arrêté le quatrième compte à valoir, duquel avaient été données les 3,118,325 piastres 3/4, mais il ne fut porté au débit de M. Benaïad que les sommes qu'il avait touchées sur la délégation, soit 1,624,770 piastres 3/4. Ce quatrième compte solda par 655,754 piastres 12 au débit de M. Benaïad ; toutefois la délégation lui fut laissée à charge par lui de porter à son débit les sommes qu'il toucherait sur ce qui en restait dû.

Les comptes se continuèrent ainsi jusqu'au dixième, qui fut arrêté quelques mois avant le départ de M. Benaïad de Tunis.

Le solde de tous ces comptes fut arrêté à la somme de piastres 4,845,718 au crédit de M. Benaïad, et cette somme, complétée par une obligation de 154,282 piast. qu'il remit, fut liquidée par les cinq millions, montant de la délégation sur la ferme des cuirs.

En conséquence, si l'on considère que la délégation a été donnée à M. Benaïad à valoir sur ce qui pouvait lui être dû dans son compte avec le gouvernement, ainsi qu'il résulte des termes de cette délégation, que le seul compte courant existant alors entre M. Benaïad et le gouvernement était celui qui avait commencé le 3 djemmed-el-tani 1261 et avait été arrêté en djammed-ewel 1264, qu'enfin la somme des 1,624,770 piastres 3/4 que M. Benaïad avait touchée sur la délégation se trouve justement portée à son débit dans le susdit compte, tout cela ne prouve-t-il pas incontestablement que cette délégation se rapporte uniquement au compte précité et qu'elle n'était pas, comme cherche à le faire croire M. Benaïad, la compensation de pareille somme à lui due, en dehors et indépendamment du compte de djemmed-ewel 1264, compte qui, du reste, arrêté entre M. Benaïad et le gouvernement, présenté par M. Benaïad lui-même à la commission (sous le n° 2 de ce dossier) et conforme aux registres dont nous avons nous-mêmes des copies régulièrement établies, présente un caractère d'authenticité quasi légale.

Maintenant supposons un instant que cette délégation eût été donnée pour solde d'un autre compte que celui que nous indiquons, ou même d'un règlement verbal quelconque (allégation dont M. Benaïad a eu l'idée, parce que le teskéré dit : que la délégation a été portée au débit de son compte avec le gouvernement, alors que ce débit n'a pas eu lieu, d'où il croit pouvoir conclure que puisque dans les comptes invoqués par le gouvernement, ce débit n'existe pas, il s'applique donc à un compte à part réglé par la délégation) : Mais alors on n'eût pas porté d'un commun accord la somme de piastres 1,624,770 3/4 dans le compte courant de djemmed-ewel 1264 au débit de M. Benaïad. Comment, il reçoit, suivant lui, la délégation pour solder ce qui lui est dû par un prétendu compte, et il porte néanmoins à son débit ce qu'il touche de cette délégation ? En tous cas, si réellement la délégation eût été remise à M. Benaïad, comme il le prétend, pour solde d'un compte autre que celui de djemmed-ewel 1264, il l'aurait déjà présenté ; une somme de 3,118,325 piastres ne peut avoir été formée que de divers articles, et a dû donner lieu à un compte arrêté et signé par le bey, et nous n'en connaissons pas d'autres que ceux relatés dans la pièce n° 55. M. Benaïad doit donc justifier du compte qu'il invoque, et s'il n'est pas signé du bey, parce qu'il est encore à régler, alors qu'il en présente les éléments ; jusque là ce que prétend M. Benaïad reste à l'état d'allégation d'autant plus invraisemblable que le débit porté au compte de djemmed-ewel 1264 en est la réfutation concluante, et c'est si vrai que dans le principe, M. Benaïad en ne réclamant dans son état des réclamations que le solde de la délégation, reconnaissait alors implicitement qu'elle lui avait été donnée à valoir sur le compte de djemmed - ewel 1264 qu'il vient de remettre lui-même, et où se trouvaient portés les à-compte qu'il en avait touchés ; car, si la délégation avait été donnée pour acquitter ce qui lui était dû par suite d'un solde quelconque , M. Benaïad eût évidemment réclamé la totalité de la délégation, ou bien le solde de la délégation et le contrepassement à son crédit des 1,624,770 3/4 piastres portées indûment à son débit.

Cette conséquence qu'il n'avait pas prévue, lorsque nous l'avons déduite lui a fait comprendre que sa demande du solde et non de la totalité, était la perte de sa cause; aussi, dans une situation aussi désespérée, il a dû modifier sa réclamation et demander la totalité de la délégation, modification tardive et que la commission appréciera sans nul doute à sa juste valeur.

Quant aux deux lettres citées par M. Benaïad , celle du kasnadar lui dit de faire honneur aux teskérés tirés sur lui, et de ne pas arrêter le service ; celle du bey n'a rapport qu'à une plainte présentée par des officiers chargés de recevoir de M. Benaïad des fusils que ce dernier ne leur remettait pas. Ces deux lettres n'ont donc rien de commun avec la délégation et ne peuvent même indirectement impliquer qu'elle a été donnée à M. Benaïad à valoir sur un autre compte que celui de djemmed-ewel 1264.

Comme les deux dernières pièces composant le n° 1 bis n'ont aucun rapport avec la délégation, le soussigné ne comprend pas pourquoi M. Benaïad les produit réunies dans le même dossier ; quand celui-ci aura fait connaître ses motifs, alors seulement il sera possible d'y répondre.

N° 3. Compte du général Benaïad avec le bey , en date de djemmed-el-aoual 1264, suivi du teskéré du bey , en date du 24 kéda de la même année, constatant la dette du gouvernement de piastres 671,208 envers le général Benaïad.

S'il est vrai que par le compte courant arrêté le 24 kada ou zilcade 1264, Benaïad a été reconnu créancier du gouvernement de 671,208 piastres par teskéré relaté à la fin dudit compte, il n'est pas vrai que le gouvernement doive encore cette somme à M. Benaïad, parce qu'il en a été crédité dans le compte suivant du 30 rebi-el-tani 1266 (voir page 36 de la pièce n° 55.)

Maintes fois dans le cours du débat, M. Benaïad a été mis

en demeure d'avoir à produire le compte du 30 rebi-el-tani
1266 ; il n'a jamais voulu le faire, cela se comprend : cette production aurait immédiatement mis à néant cette réclamation
des piastres 671,208. Et cependant M. Benaïad ne saurait sou-
tenir qu'il n'a pas le compte réclamé, puisque dans le cours de
ce débat, il a présenté les cinq premiers comptes arrêtés entre
le gouvernement et lui. Chacun de ces comptes donne un
solde qui se trouve éteint par son passement au compte suivant. M. Benaïad, en ne produisant pas le compte de rebi-el-
tani 1266, voudrait donc donner à l'arrêté du compte du 24
kéda la valeur d'un titre liquide et incontestable ; car, en l'absence de ce compte, il peut dire : Voilà un teskéré de 671,208 ;
vous me devez cette somme ; payez-moi ; car, si vous l'aviez
acquittée, le titre ne serait pas dans mes mains ! Mais, nous
ferons remarquer que ce teskéré est d'une nature exception-
nelle, arrêté de compte courant, se liquidant par un article
porté au compte suivant, son retrait, on le comprend, était
sans importance, dès lors inutile; tandis que pour les teskérés
qui servent à la justification des recettes ou dépenses, espèces
de mandats au porteur, leur retrait des mains du comptable
était indispensable. Aussi le teskéré d'arrêté de compte
n'ayant de valeur que jusqu'à l'arrêté du compte suivant, on
n'a jamais retiré des mains de M. Benaïad ceux qu'on lui a
donnés concernant les comptes courants; il a donc les teskérés
des comptes, témoins ceux qu'il a produits, c'est-à-dire les
quatre qui précèdent celui qu'il représente aujourd'hui : mais
alors dans le système de M. Benaïad le gouvernement pourrait
à son tour lui réclamer le reliquat de chaque compte soldant
au débit de M. Benaïad, comme ce dernier vient aujourd'hui
réclamer l'arrêté du compte soldant à son crédit.

En résumé le titre que présente M. Benaïad a été annulé de
fait par le compte qui a suivi celui auquel il se rapporte, il
n'établit nullement que les 671,208 piastres qui en forment le
montant, sont encore dus à M. Benaïad : le compte du 30 rebi-el-
tani 1266 a donné à M. Benaïad crédit de cette somme ; nous
ne pouvons pas la lui payer deux fois. Ce compte que M. Benaïad cache soigneusement, nous l'avons présenté, et avec celui
qui le précède comme avec celui qui le suit, il forme une partie

de ces dix comptes, ou plutôt de compte courant général divisé en dix arrêtés successifs dont le dernier a été soldé par le teskéré de cinq millions sur la ferme des cuirs.

Nᵒ 4. Créance de piastres 1,450,000 formant le solde pour les années 1268 et 1269 d'une délégation sur la ferme des tabacs.

Délégation du bey de Tunis de 1,000,000 de piastres sur la ferme des tabacs pour 1269. (Pour cette délégation voir le détail sur la chemise du nᵉ 4, du présent dossier.)

Délégation du kasnadar pour la somme de 672,500 piastres pour différents fermages de 1269.

En 1267 et 1268, le gouvernement a donné à M. Benaïad une délégation de 1,000,000 par an sur la ferme des tabacs, à valoir sur les fournitures à faire pour l'habillement des troupes. M. Benaïad prétend qu'il ne lui a été payé que 1,550,000 piastres, qu'il lui reste donc dû 450,000 piastres de ce chef. Le soussigné soutient que M. Benaïad a touché 1,996,842 piastres, que dès lors il ne lui est plus dû que 3,158 piastres, et comme à l'appui de ce qu'il avance il a remis les originaux de douze reçus signés par M. Benaïad et ses agents, s'élevant à ladite somme de piastres 1,996,842, la question se trouve donc résolue, et la prétention de M. Benaïad mise à néant.

Quant à la délégation de 1269 qui se montait à 1,000,000, elle n'a pas été payée parce qu'à cette époque toute relation ayant cessé entre le gouvernement et M. Benaïad, ce dernier n'avait plus à faire les fournitures en vue desquelles la délégation lui avait été remise ; dès lors sans cause, elle doit nous être rendue d'autant plus qu'elle n'a pas été portée au débit de M. Benaïad pas plus que les 672,500 piastres de la délégation du kasnadar, ainsi qu'il est facile de s'en convaincre par les registres produits par nous sous le nᵒ 63 ; registres dans lesquels on ne trouve porté au débit de M. Benaïad que les deux annuités de 1267 et 1268, et rien pour l'annuité de 1269.

En ce qui concerne les 672,500 piastres de fermages détaillés dans le teskéré de Son Excellence le kasnadar; comme ces fermages n'ont cessé d'être régis par M. Benaïad que dans le courant de 1269, il doit donc une partie de ces fermages pour les mois pendant lesquels il en a joui. Toutes réserves sont faites à cet égard.

Quant à la protestation dont parle M. Benaïad dans l'annotation qu'il a faite sur le dossier nᵉ 4, le soussigné y a suffi-

N° 5. Piastres 2,254,964 pour fournitures diverses que le général Benaïad a faites au gouvernement jusqu'au jour de son départ.

samment répondu dans ses observations sur les pièces de M. Benaïad composant la 6ᵉ communication. (Voir page 39 de nos observations.)

M. Benaïad, au sujet de cette réclamation, présente divers extraits de lettres du kasnadar, un prétendu exposé des faits et une lettre de Hamida Benaïad : comme toutes ces pièces se rapportent à ladite créance de piastres 2,254,964 dont il n'a pas encore vu les pièces justificatives que M. Benaïad doit produire, le soussigné se réserve de faire une réponse sur l'ensemble de cette question, aussitôt qu'il aura pris connaissance desdites pièces.

N° 6. Piastres 1,243,944 pour approvisionnement et fonds de roulement de la ferme des tabacs.

Délégation du kasnadar sur Ahmed Zarrouk pour un paiement de piastres 962,827, 8, 3.

Ordre du kasnadar de délivrer au directeur de la ferme tous les titres de créance de Benaïad pour en opérer le recouvrement.

Lorsque la gestion de la ferme des tabacs passa des mains de M. Benaïad dans celles d'un nouveau directeur, M. Benaïad prétendit que divers sous-fermiers dans les provinces de l'intérieur restaient ses débiteurs. Son Excellence le kasnadar donna alors ordre au nouveau directeur d'opérer le recouvrement de ces sommes et d'en verser le produit à M. Benaïad ; mais quand le nouveau directeur voulut effectuer ces rentrées, il se trouva arrêté, M. Benaïad ne lui ayant pas remis les titres qu'il avait sur ses débiteurs, et, à cette occasion, Son Excellence écrivit à ce dernier la lettre du 7 sfar 1267, dans laquelle elle lui disait : « Nous vous invitons à envoyer tous les titres » des créances dues par les fermiers de tabac pour l'année dernière, afin que le général Sid Ahmed Zarrouk en fasse rentrer » le montant ; car les fermiers ont refusé de payer leurs dettes, » *et les titres sont entre vos mains* » Mais M. Benaïad refusa d'obtempérer à cette invitation.

Alors en sfar 1269 eut lieu par ordre de S. E. le Ministre un règlement de compte sur l'article dont il s'agit entre le directeur de la ferme des tabacs et les agents de M. Benaïad, qui fut reconnu créancier de piastres 962,827 11, 3 1/2, pour laquelle somme le ministre délivra une délégation sur le directeur de ladite ferme datée du 20 sfar 1269 et non 24 rabi-el-aoual 1267, comme le prétend M. Benaïad dans la traduction qu'il en présente dans ce dossier. Sur cette délégation les agents de

M. Benaïad ont touché la somme de piastres 170,000, pour laquelle ils ont délivré leurs reçus que le soussigné s'engage à produire sous peu, dès qu'ils lui seront arrivés de Tunis; de plus, il y aura également à déduire les sommes que M. Benaïad avait touchées directement de ses débiteurs et qu'il n'avait pas déduites du compte des créances qu'il avait présenté au gouvernement, sommes pour lesquelles M. Benaïad avait donné des reçus que le directeur, chargé du recouvrement, a trouvés entre les mains desdits débiteurs et dont il a fallu nécessairement leur tenir compte sur le montant de leur dette.

Quant au chiffre de piastres 1,243,944 auquel M. Benaïad élève sa prétention, le soussigné ne peut s'expliquer d'où M. Benaïad le tire, puisque le compte a été arrêté et réglé entre ses agents et le gouvernement, par une délégation de 962,827 piastres, 11, 3 1/2, somme dont M. Benaïad présente le détail dans un compte écrit de la main de son agent le kaïd Nessim.

No 7. Lettre du kasnadar relative à l'argent perçu par lui sur les Métellits et l'hôtel de la Monnaie.

Le dernier compte qui a eu lieu sur le fermage en espèces de Gerbi, Ouaten el Kebli, Métellit et la Rabta, a eu lieu en sfar en 1268, comprenant trois années, de 1265 à 1267. Comme pendant ces trois années c'étaient les agents du bey qui géraient le Ouaten et les Métellit, on a porté dans ledit compte, au débit de M. Benaïad, la redevance des fermages ci-dessus, et à son crédit les sommes que lesdits agents avaient versées au gouvernement, et on a arrêté le compte d'après lequel M. Benaïad restait débiteur de piastres 750,000. D'autre part le gouvernement resta débiteur de la somme de piastres 183,893,8, pour autant reçu de l'agent chargé du district des Métellit, somme qui a été passée au crédit de M. Benaïad dans les articles qui ont formé la somme des cinq millions de piastres, pour laquelle lui a été délivrée une délégation sur la ferme des cuirs en date de rebil-ewel 1268 (page 43 de la pièce no 55), c'est-à-dire un mois après le susdit compte, et huit mois après la date de la lettre de S. E. le kasnadar, que produit M. Benaïad dans ce dossier. M. Benaïad ayant réglé tout compte avec le gouvernement, concernant les endroits susrelatés jusqu'à la fin de l'année 1267, sur quoi se base-t-il pour élever à ce sujet une réclamation qui se trouverait, d'après ce qui précède, sans fondement?

Quant à la Monnaie, il n'y a rien, dans cette lettre du kasnadar qu'on invoque, qui puisse autoriser à prétendre que le kasnadar y a pris à la Monnaie de l'argent qui appartenait à M. Benaïad, puisque dans cette lettre il ne dit autre chose que : « Quant à la Monnaie, nous avons recommandé au « colonel Si Bahram et au mécanicien chrétien, de presser le » travail.» On le voit, cette lettre est bien claire, qu'on en torture le sens comme on le voudra, il sera difficile d'y trouver que donner l'ordre d'activer le travail puisse prouver qu'on a pris de l'argent!

N° 8. Traduction du dernier réglement du compte d'huile du général Benaïad, le constituant créancier de 17,637 métaux 1/4 de saâ.

Cette pièce se rapportant à la réclamation pour des huiles que fait M. Benaïad, nous y répondrons lorsqu'il s'agira des teskérés de Son Altesse qu'aura à produire M. Benaïad pour justifier que le gouvernement tunisien lui doit les 35,000 métaux d'huile.

Paris, 12 avril 1856.

Pièces et explications à leur sujet présentées par le général Kherreddine en réponse aux réclamations de M. Benaïad.

1° Pièce n° 55. Détail des comptes courants de M. Benaïad avec le gouvernement.

Ces comptes sont produits parce que l'on trouve : 1° dans celui daté en djemed-ewel 1264, à la page 14 de ladite pièce, portée au débit de M. Benaïad, la somme de piastres 1,624,770 12 qu'il a reçue sur la délégation de S. E. le sabtab, et à la page 27, dans le même compte, on trouve, porté au crédit de M. Benaïad, le montant des traites fournies par ce dernier pour les frais du voyage de S. A., d'où il résulte que ladite délégation a été donnée à valoir sur le compte de djemed-ewel 1264, ainsi que pour faire face aux susdites traites (*Voir* pour cette délégation pages 1, 2 et 3 de notre réponse aux questions posées par le comité sur les réclamations de M. Benaïad, et nos observations sur les pièces de M. Benaïad composant sa septième production).

2°. On trouve également à la page 36 de ladite pièce n° 55, porté au crédit de M. Benaïad, dans le compte de 30 rebi-el-tani 1266, la somme de piastres 671,208 que ce dernier réclame au gouvernement pour solde du compte du 24 zilcade 1264, d'où il résulte que la somme réclamée par M. Benaïad ayant été déjà portée à son crédit, elle ne lui est plus due. Pour les explications sur cet article, voir page 4 de notre réponse aux questions posées par le comité sur les réclamations de M. Benaïad et ce que nous avons dit dans notre observation sur les pièces produites par M. Benaïad, formant sa septième production.

2° Douze reçus de M. Benaïad et de ses agents pour la somme de piastres 1,996,842 qu'il a reçue de la ferme des tabacs en 1267 et 1268.

Le soussigné produit ces pièces pour prouver que sur les 450,000 piastres réclamées par M. Benaïad pour solde des délégations de 1267 et 1268, il ne lui reste dû que piastres 3,158, ayant reçu, par lui ou ses agents, la somme de piastres 1,996,842 sur 2 millions, montant desdites délégations.

Ces pièces se rapportent à la réclamation de 1,450,000 piastres formulée par M. Benaïad. Pour les explications, voir nos observations sur les pièces produites par M. Benaïad dans sa septième communication.

3° La pièce n° 99, contenant le détail des fournitures faites par M. Benaïad jusqu'à son départ de Tunis.

Cette pièce est produite pour prouver que le compte même présenté par M. Benaïad avant son départ, dont cette pièce est la copie, ne s'élevait qu'à piastres 1,671,804 1/4 et non à piastres 2,243,944, chiffre auquel M. Benaïad élève sa prétention. Au surplus, la somme de 1,671,804 piastres elle-même n'a pu être reconnue ni acceptée, attendu que les fournitures composant cette somme, et portées au débit du gouvernement, n'ont pas été toutes appuyées des preuves nécessaires. Maintenant M. Benaïad, obligé d'établir sérieusement ce compte, se trouve dans l'impossibilité de justifier de toutes les fournitures qu'il y a portées.

Aussi, pour se soustraire à cette obligation, qu'il sait sans doute ne pouvoir remplir, M. Benaïad prétend-il que l'inscription du compte présenté par lui en implique la reconnaissance par le gouvernement; prétention inadmissible, car, dans ce cas, il aurait reçu la sanction de S. A. par l'apposition de son

cachet, comme tous les autres comptes, et cela seul aurait été une preuve pour M. Benaïad, car pour l'écrivain, il est de son devoir d'inscrire le compte tel qu'il est présenté par M. Benaïad, et sa sanction ou son rejet dépendait de S. A. elle-même. Dès lors la pièce n° 99, dont le total est bien inférieur à la prétention qu'élève M. Benaïad, ne saurait avoir de valeur qu'appuyée des pièces justificatives des articles qui s'y trouvent portés, pièces qui, jusqu'à présent, se bornent à quelques, teskérés applicables seulement à quelques articles, et que M. Benaïad a communiqués au soussigné au sujet de ses fournitures (Voir nos *Observations sur l'examen des pièces produites par M. Benaïad concernant la gorfa, et page 5 de notre Réponse aux questions du comité sur les réclamations de M. Benaïad.*)

M. Benaïad doit donc être tenu de compléter ses preuves, faute de se voir rejeter de son compte les articles non justifiés.

Extrait des registres du gouvernement concernant les comptes de la ferme des cuirs et celle des tabacs.

Neuf reçus signés par M. Benaïad pour la somme de 1,100,000 piastres qu'il a touchées pour la ferme des cuirs, en 1266.

M. Benaïad a cessé d'exploiter la ferme des cuirs en 1266 ; il devait pour les 122 jours de 1266, pendant lesquels il avait eu la ferme, le prix du fermage, qui sur le taux de 1,500,000 piastres par année de 354 jours, fait piastres 516,949. M. Benaïad a reçu du nouveau directeur, piastres 1,100,000 comme le prouvent les neuf reçus que nous produisons, ce qui fait un total de piastres 1,616,949

si l'on déduit le montant du fermage soit. . . 1,500,000

Il reste donc un excédant de piastres 116,949

qui joint à la somme portée dans l'extrait du compte des cuirs, présenté par le soussigné dans ce dossier, constitue le bénéfice qui revient à M. Benaïad du fermage des cuirs pour tout le temps qu'il en a été le fermier secret.

La ferme des tabacs a cessé également d'être exploitée par M. Benaïad vers la même époque que celle des cuirs ; un compte a déjà été réglé entre le gouvernement et les agents de M. Benaïad ; compte pour lequel le ministre, Son Excellence le kasnadar, a délivré à M. Benaïad une délégation de piastres 962,827 sur le directeur de la ferme des tabacs ; ce compte joint à la somme portée dans l'extrait du compte des tabacs présenté par le soussigné dans ce dossier, constitue le bénéfice qui revient à M. Benaïad du fermage des tabacs pour le temps qu'a duré son fermage.

Ces extraits sont ceux des teskérés de comptes signés par S. A. le bey défunt et remis aux nouveaux directeurs, d'où il résulte que les bénéfices qui reviennent à M. Benaïad sur la ferme des cuirs et des tabacs se résument aux chiffres portés sur lesdits extraits par nous produits dans ce dossier, et non à la somme exorbitamment exagérée de deux millions que réclame M. Benaïad.

Compte daté de sfar 1268, sur lequel M. Benaïad resta débiteur de piastres 750,000.

Voir en plus la page 43 de la pièce n° 55.

Cette pièce est produite par le soussigné pour prouver que M. Benaïad, par les sommes portées à son crédit dans le compte de sfar 1268, joint à l'article de 183,893 1/2 piastres portées à son crédit, page 43 de la pièce n° 55, a balancé les sommes qui lui revenaient pour les revenus du Metellit jusqu'à la fin de 1267, d'où il résulte que Benaïad n'a plus rien à réclamer au gouvernement de ce chef.

Pour les explications, voir nos observations sur les pièces produites par M. Benaïad dans sa septième communication.

Réponse du général Kherreddine sur les renseignements demandés par le comité au sujet de la délégation sur le sabtab.

Demande de renseignements sur la délégation sur le sabtab, de 3,118,325 3/4 piastres.

Le 28 chawal 1262, le général Benaïad régla le compte des fermages suivants qui lui étaient accordés et qui seraient entrés dans les magasins du bey.

1° Revenus de blé et d'orge provenant de la dîme d'Ouatan, de 1259 à 1262 inclusivement, entrés dans le compte de la rabta;

2° L'impôt ou droit du quart

Mis en demeure d'indiquer le compte dont le solde à son crédit aurait été liquidé par la délégation de piastres 3,118,325 3/4 sur le sabtab, M. Benaïad prétend que c'était un compte qui comprenait les fermages suivants, et qui seraient entrés dans les magasins du bey, savoir :

1° Les revenus en blé et orge provenant de la dîme du Ouatan, de 1259 à 1262, entrés dans les comptes de la rabta;

2° L'impôt ou droit du quart de Ouatan, de 1259 à 1262;

3° Le revenu du tabac, du cuir et du sel pour le Ouatan de Gerbi et Métellit, également pour les années 1259 à 1262;

4° Le montant du prix d'une quantité considérable de diamants par lui fournis à Son Altesse le bey, pour faire monter des décorations.

d'Ouatan, de 1259 à 1262 inclusivement;

3° Le revenu du tabac, du cuir et du sel pour Ouatan, Gerbi et Métellit dans le fermage du général Benaïad pour ces trois impôts pendant les mêmes années 1259 à 1262.

Il ajoute que *pour solde de tous ces revenus*, qui lui auraient été dus, et d'une quantité considérable de diamants sur papier, que le bey avait achetés de Mahmoud Benaïad afin de monter des Nichams, Son Altesse paya audit Mahmoud Benaïad, neuf jours après le réglement du compte, la somme de 3,118,325 3/4 piast., en une délégation sur le sabtab, cette somme soldant tous les comptes dont nous venons de parler, y compris l'achat des diamants.

Le général Benaïad sommé de produire ce compte de kéda 1262, dont la délégation serait le solde, a répondu que l'original de ce compte était dans les mains du gouvernement de Tunis, et que la copie se trouvait sur les livres que le gouvernement de Tunis lui aurait violemment enlevés.

Mais il produit un compte du 28 chawal 1262 où le passif des fermages en question est mis à sa charge, et qui se solde par 355,000 piastres dont il est débité par le compte et libéré par la quittance du bey. Et il

A ces allégations nous répondons :

1° Les revenus de toutes les dîmes blé et orge du Ouatan n'appartenaient pas à M. Benaïad, dans le fermage duquel ils n'étaient pas tous compris. En effet, depuis un temps immémorial, les dîmes du Ouatan sont divisées en deux parties distinctes, l'une appartenant au gouvernement, et qui est touchée par l'agent chargé de la rabta, et la seconde est touchée par le kaïd du Ouatan; c'est cette kaïderie qui s'afferme tous les ans et dont M. Benaïad a été un des fermiers. Cette division du revenu des dîmes était implicitement constatée dans l'amra du 28 chawal 1262 (*Voir* pièce n° 10, produite dans la sixième communication) par ces mots : Il (M. Benaïad) fera payer la dîme des grains comme par le passé..... et, plus loin, il est dit : Tout ce qu'on percevait *d'après l'usage passé*. Au surplus, la division des dîmes du Ouatan est un fait de notoriété publique consacré par l'usage, et dont nous pouvons donner une preuve.

Ainsi, de 1256 à 1258, M. Mahmoud Benaïad était déjà fermier de la kaïderie de Ouatan, qu'il gérait lui-même et pour son propre compte; son père, Mohamed Benaïad, était à la même époque agent de la rabta.

Si l'on cherche dans les comptes de son père, comptes de la rabta, on trouve portées au débit de M. Mohamed Benaïad des dîmes de grains provenant du Ouatan. Dès lors il est évident que les dîmes de grains que l'on trouve portées au débit de M. Benaïad fils, agent ou fermier de la rabta, sont, comme les dîmes portées dans les comptes du père, celles qui, ainsi que nous venons de l'expliquer, appartiennent au gouvernement et n'ont rien de commun avec la partie des dîmes touchées par le kaïd du Ouatan, ce qui prouve qu'il y a bien deux parties distinctes de dîmes de grains au Ouatan. Et ce sont les dîmes du Ouatan spéciales au gouvernement et non à la kaïderie qu'on trouve portées au débit de M. Benaïad dans les comptes de la rabta.

D'où cette conséquence, que le bey n'ayant reçu que ce qui lui appartenait, ne pouvait rien devoir à M. Benaïad. Ainsi les dîmes du Ouatan n'ont pu être une des causes pour lesquelles il a reçu la délégation.

2° Quant au droit du quart, nouvel impôt institué dans la

affirme en outre que la preuve que la délégation en question devrait payer les fermages en question, c'est qu'on *ne retrouve ces fermages dans aucun autre compte de 1259 à 1262 ; qu'il ne les a jamais réclamés pour cette époque*, et que, s'ils ne sont pas payés par la délégation sur le sabtab, ils ne le sont pas du tout. De telle sorte que les délégations en question n'auraient pas eu d'autre motif et que les 1,624,770 piastres portées dans le compte de djemed-ewel 1264 auraient un double emploi.

Toute la question roulant sur le paiement ou non paiement de ces fermages, il importe au comité de savoir s'il n'existe pas quelque autre compte où les fermages sus-mentionnés, pour les périodes de 1259 à 1262, se trouvent portés.

Demander des informations à cet égard à MM. les commissaires tunisiens.

Régence depuis peu d'années, il n'a rien de commun avec les revenus dont nous venons de parler; il s'afferme également tous les ans. M. Benaïad avait pris cette ferme moyennant 140,000 piastres par an ; de 1259 à 1260, il en a chaque année payé le fermage (*Voir* le teskéré de libération du 9 kéda 1262 pour les soixante-dix fermages produits par M. Benaïad dans sa deuxième production), et il en a perçu les produits. De 1261 à 1265 inclusivement, il continue à percevoir ces revenus et il a été débité annuellement des 140,000 piastres dans la note explicative, pages 21 et 22. M. Benaïad a reconnu ces débits (page 32 de son état des questions) sans élever la moindre objection, lui qui cependant en élève à tout propos et presque sur toutes choses. Au surplus, un compte pour le fermage du Ouatan a été réglé avec M. Benaïad le 28 chawal 1262, par une somme de 355,000 piastres à son débit; on comprendrait difficilement que M. Benaïad se soit reconnu débiteur de 355,000 piastres s'il avait eu à réclamer quelque chose au sujet de ce fermage; on comprendrait tout aussi difficilement que, créancier de M. Benaïad du chef de ce fermage, le bey eût été donner à cette occasion une délégation à son débiteur. Mais, en dehors de ces preuves, il reste que M. Benaïad a touché les revenus du quart, qu'il n'en a pas été débité, que ce revenu n'a rien de commun avec celui de la kaïderie de Ouatan, et que ce n'est pas encore à l'occasion de ces revenus que M. Benaïad a pu recevoir la délégation.

Quant au prétendu revenu du tabac, du cuir et du sel, pour Ouatan, Gerbi et Métellit, ces localités n'ont ni revenu de tabac, ni revenu de cuir et de sel applicables à un fermage qui leur soit spécial; la ferme de ces trois articles, dont le siége principal est Tunis, est générale pour toute la Régence; tous les revenus du tabac, cuir et sel appartiennent à ce fermier principal, et nous trouvons justement que ce fermier, pendant les années 1259 à 1262, était M. Benaïad. Or, si lesdits revenus appartenaient au fermage des districts de Gerbi, etc., c'est lui-même qui les a touchés, puisqu'il en était le fermier particulier et qu'il les gérait par lui-même; si ces revenus appartenaient au contraire au fermage principal, c'est également lui-même qui les a touchés en sa qualité de fermier principal. Par conséquent c'est M. Benaïad qui les a touchés, soit dans le premier, soit dans le second cas. Ainsi le gouvernement n'avait rien à rendre à M. Benaïad sur les revenus du tabac, du cuir et du sel des pays sus mentionnés, revenus qui, du reste, ne sont nullement compris dans l'amra de fermage du 28 chawal 1262. (*Voir* pièce n° 10 dans la sixième communication de soussigné.)

Ici encore M. Benaïad nous vient en aide pour établir que les revenus du tabac, du cuir et du sel appartenaient au fermage général de ces revenus pour toute la Régence.

Car, dans le premier dossier de sa neuvième communication, M. Benaïad, voulant constater les revenus de cette ferme générale, produit un extrait dans lequel on trouve les revenus des tabacs et des cuirs pour Ouatan, Gerbi et Métellit (*Voir* pièces n°⁵ 1 et 1 bis ci-annexées).

Quoique cette pièce ne soit pas acceptée par nous, par les raisons déduites pages 7 et 8 de nos observations sur les pièces de M. Benaïad, nous la signalons parce qu'elle constate que les revenus tabacs, cuirs, des localités sus mentionnées appartenaient, comme nous venons de le dire, à un fermage général et non au fermage particulier desdites localités ; dès lors, comme c'est pour lesdits revenus, en tant que produit du fermage particulier que M. Benaïad prétend avoir reçu la délégation, on voit combien cette allégation est erronée.

Enfin, quant aux diamants, il est vrai que M. Benaïad en a vendu à Son Altesse, qu'il en a vendu souvent et très-chér, mais de ce chef il n'a rien à réclamer, c'était l'objet d'articles payés par le crédit qu'on lui en a donné dans le compte courant à cet effet ; nous remettons ci-joint, n° 2, un relevé des sommes payées pour diamants, dans lequel on trouve les sommes portées au crédit de M. Benaïad pour ses fournitures dans les comptes de 1262 et 1264, c'est-à-dire, avant, pendant et après la date de la délégation.

Ainsi Son Altesse a donc pu donner à M. Benaïad une délégation de 3,118,325 3/4 piastres pour lui solder :

1° Des revenus de blé et d'orge sur lesquels il n'avait aucun droit ;

2° Des revenus du quart qu'il avait touché et réglé ;

3° Des revenus du tabac, cuir et sel qui, pour les fermages des localités désignées, n'en ont jamais fait partie ;

4° Enfin des diamants payés par des comptes incontestés.

En présence de ces faits, que deviendra alors cette preuve que M. Benaïad prétend tirer à l'appui de ses étranges prétentions, à savoir que ce qu'il réclame ne se trouve porté dans aucun compte de 1259 à 1262. C'est évident, puisqu'il n'y avait pas de compte à faire.

Maintenant sera-t-il nécessaire d'ajouter que l'histoire du compte dissimulé par le gouvernement, de cette copie enlevée à M. Benaïad, sont des fables qui n'ont pas même l'apparence de raison.

Comment, M. Benaïad a une créance de 3,118,325 3/4 piastres qui avait donné lieu, si on l'en croit, à un double emploi de 1,624,770 3/4 piastres, et il voudra faire admettre, lui, qui possède des pièces même insignifiantes et par milliers, qu'il a innocemment laissé à Tunis le compte qui pouvait lui servir à prouver d'abord le double emploi, puisque les 3,118,325 3/4 piastres lui appartenaient réellement? Non ! il n'a pas laissé ce compte à Tunis ! Non ! le gouvernement n'a pas de registre qui contienne ce compte, par la plus simple et la meilleure des raisons, c'est que ce compte n'a jamais existé que dans l'imagination de M. Benaïad ; car si ces dîmes du Ouatan sont entrées dans les magasins du bey, c'étaient celles qui appartenaient au gouvernement et non celles de la kaïderie, autrement M. Benaïad eût réclamé avant de se reconnaître débiteur de 355,000 piastres dans le compte de 1262.

Quant aux revenus du quart, le fermier de M. Benaïad les a perçus.

Les produits du tabac, du cuir et du sel pour Gerbi-Métellit sont exclus du fermage particulier desdites localités par l'usage et par le libellé de l'amra qui n'en fait aucune mention.

Tous ces revenus n'ont donc pu donner lieu au compte qu'imagine M. Benaïad.

Les diamants lui ont été passés dans des comptes produits et reconnus. Quel rapport peut-il y avoir alors entre la délégation de 3,118,325 3/4 piastres et des produits, ou qui n'appartenaient pas à M. Benaïad, ou qu'il avait perçus lui-même, et des achats de diamants soldés ?

On le voit, la délégation n'a pu être remise pour solder à M. Benaïad un compte composé d'éléments qui n'existaient pas, donc là n'était pas la cause qui a fait que le Bey a remis cette délégation.

La cause, nous l'avons indiquée et suffisamment établie; dès lors le double emploi de 1,624,770 3/4 piast. n'existe pas, et par les raisons ci-dessus déduites, le gouvernement n'a pas d'autres comptes que ceux qu'il a présentés dans la pièce n° 55.

Résumant l'affaire de la délégation, on a vu dans le principe, M. Benaïad ne réclamer que le solde de la délégation (voir son état des réclamations), dès lors admetttre le débit de ce qu'il avait reçu à compte ; puis s'apercevant que ne réclamer que le solde, c'était se condamner soi-même, comme l'avait fait remarquer le soussigné, M. Benaïad change de système et réclame la totalité, et soutient que la somme des à-compte reçus et portés à son crédit forme un double emploi ; c'est alors qu'il imagine le prétendu compte pour lequel les 3,118,325 3/4 piast. lui auraient été déléguées. Sommé de dire quel est ce compte sur lequel il tarde tant à s'expliquer, M. Benaïad présente enfin un résumé plus que sommaire de quelques revenus lui appartenant qu'il prétend avoir été versés à tort dans les magasins du gouvernement ; revenus dont les uns n'appartenaient pas à M. Benaïad et dont il a touché les autres, et comme ils étaient loin de former la somme de 3,118,325 3/4 piastres, il la parfait par des fournitures considérables de diamants, fournitures qui lui ont été payées, — peu lui importe ; tels sont les motifs pour lesquels lui a été donnée la délégation des 3,118,325 3/4 piastres. A des preuves si concluantes, nous n'avons rien à ajouter ; elles parlent d'elles-mêmes, et prouvent suffisamment ce que nous soutenons, c'est que M. Benaïad n'a pas le moindre droit à demander ni le solde, et encore moins le montant de la délégation sur le sabtab.

Paris, le 2 juin 1856.

N° 1.

Traduction de la pièce que nous a communiquée M. Benaïad, sur le prix des cuirs.

			Piastres.	
Canon des troupeaux et du carouba de laine de Mejezelbeb			7,100	»
id.	id.	de Sfakes.	60,000	»
id.	id.	de *Mezel tamim*.	21,000	»
id.	id.	de *Nable*.	26,000	»
id.	id.	de *Sulima*.	27,000	»
id.	id.	de *Kourba*	4,200	»
id.	id.	de Surze et Zouarine.	18,100	»
id.	id.	de Kroube et Gouazine.	22,000	»
id.	id.	de Toboursouk.	7,500	»
id.	id.	de Hemmeded, Oulad, Ayar	10,000	»
id.	id.	de Kesra.	1,300	»
id.	id.	de Tobourba.	8,000	»
id.	id.	de Souk sett.	1,000	»
id.	id.	de Metter.	80,000	»
id.	id.	du Gemdouba	1,000	»
id.	id.	de Toboursouk.	175	»
id.	id.	de Soussa et de Menestir	235,000	»
id.	id.	de Bizerte	30,000	»
id.	id.	de Zavoine	11,000	»
id.	id.	de Tunis.	26,500	»
id.	id.	de L'Obtana de Tunis	55,000	»
id.	id.	de Nefid et olet Zaïd.	4,000	»
id.	id.	de Kaf.	25,000	»
id.	id.	de Bortane	10,000	»
id.	id.	de *Djerbi*.	30,000	»
id.	id.	de Maison de Half.	30,200	»
id.	id.	de Oulad Aoun	19,000	»
id.	id.	de Aarad.	17,000	»
id.	id.	de *Hamamatte*	3,000	»

id.	d'étables de vaches et des troupeaux de Tunis		341,250	»
id.	id.	de Beja	35,000	»
id.	id.	de Kérouan	52,000	»
id.	id.	de Mourkass.	93,500	»
id.	id.	de Matter karouba de laine.	5,000	»
id.	id.	de Hatria	8,000	»
id.	id.	de Djerid.	40,750	»
id.	id.	de Oulad iaïa	7,000	»
id.	id.	du Karouba de laine du Kef.	1,300	»
id.	id.	de *Kalibia*	4,800	»
			1,378,675	»
id.	Karouba de laine de Bizerte environ		1,000	»
id.	id. de Testour id.		5,000	»
id.	id. de Métellit id.		20,000	»
id.	id. de la Maison des Cuirs de Kérouan, Sousa et ses environs, cuirs, suifs, environ. . .		150,000	»
			1,554,675	»

N. B. — Les six localités Mezel Tamin, Nable, Suliman, Kourba, Hamamat et Kalibia forment la partie de la régence appelée le Ouatan.

N° 1 BIS.

Traduction de la pièce que nous a communiquée M. Benaïad sur le prix des tabacs.
Revenus du prix des tabacs des pays de l'année 1264.

	Piastres.
De *Souliman* et ses environs, par l'entremise de Mohamed-el-Karouat. . . .	37,567 »
De *Hamamatte*, par l'entremise de Mohamed-Trabelsi	1,100 »
De Bizerte et de Ras-el-Djebel et ses environs, par l'entremise Omar et Kaouache.	30,000 »
De *Nable* et du tabac venu de Tunis et de ses environs, et de Mejezelba et de Jédida	100,000 »
De Balance et du Karouba de Kiam et de Thornax de Tunis, par l'entremise de Hassem-Ben-Abdallah	30,000 »
De Zagouan, par l'entremise de Mohamed-Ali	7,000 »
De Tobourba, par l'entremise de Salem-Elmaadi	10,000 »
De *Kalibia*, par entremise de Schik Mohamed-Smed.	4,400 »
De *Menzel-Temim*, par entremise de Hamouda-el-Baji et Ali-Hamam . . .	5,500 »
De la balance de Sfax, par entremise de Juseph Giallouli.	8,000 »
De Boudaref, par entremise de Mohamed-Elouadifi.	300 »
De Mattar, par entremise de Mohamed-Gianem.	10,000 »
De la balance de Mattar, dus par Hagi-Salat.	500 »
De la balance de Gabes, par entremise de Hagi-Abdalla-ben-Rhuma . . .	1,500 »
De *Kourba*, par entremise de Frège Elhmir	4,750 »
De l'Aoüaria, par entremise de Mohamed-Kidan	1,000 »
De Bagia, par entremise d'Abdalla Elkafi et les Cheiks.	20,000 »
Du Kérouan, par entremise de Hsen-Morabet . . . :	27,500 »
De Thorsouk, par entremise de Hagi-Uanas	5,000 »
De la balance de Kérouan, par entremise de Mohamed-Ben-Ali.	1,000 »
La Caroube sur les laines du Dacdac du Kérouan.	2,000 »
La Karoube sur les kiam et les toama en laine du Kérouan	2,800 »
De Sousse et Monestir, par entremise de Otman-Kain et Omar Mtuana. . . .	81,600 »
De *Gerbi*, par entremise de Hmed-Briche	24,000 »
De la balance de *Gerbi.* »	17,100 »
De Tastour, par entremise de Mohamed-Ali.	6,700 »

De Medjaz Elbab, par entremise de Mohamed-Ali . . . . 5,000 »

De Sfax, par entremise Juseph Giallouli et Harouf . . . . 12,500 »

Du Kaf, par entremise de Salah-ben-Mohamed. . . . . 6,000 »

De la balance de *Nabel*, par entremise de l'Amim Haragé . . . . 2,650 »

De la balance de Portofarina. . . . . 60 »

De Rasse Elgebel. . . . . 154 »

De Kafiaf . . . . 15 »

De Bizerte, par l'entremise de Mohamed-Mlis. . . . . 210 »

De Bagia, par l'entremise de Benhlil-Hanafi. . . . . 500 »

De Mettuia, par entremise de Mohamed-ben-Ali . . . . 230 »

De *Metellit* . . . . 20,000 »

486,636 »

N. B. — Les articles soulignés sont ceux prétendus par M. Benaïad, comme faisant partie du compte pour lequel lui a été délivrée la délégation sur le Sabtab.

Nᵒ 2.

Achat de Diamants fait par M. Benaïad pour le compte du gouvernement tunisien, à partir de son entrée à son service jusqu'en 1864.

Le prix des diamants a été compté, ainsi que celui des bijoux, dans le premier compte, comme il résulte des détails ci-dessous. (Voir pages 1ʳᵉ à 5, pièce nᵒ 55. Détail des comptes courants du gouvernement avec M. Benaïad.)

L'original de ce compte a été produit par M. Benaïad dans la quatrième communication.

Coût de 929 grains de diamants brillants, pour en faire des décorations pour les princes du sang Huss-Éinié. 35,536 8

Coût de 946 grains de diamants roses, *idem* à l'hôtel de la Monnaie. 23,672 4

Coût de 4,900 petits diamants au prix de 29 piastres, *idem*. . . . 11,025 »

70,233 12 »

DEUXIÈME COMPTE.

(Voir les pages 5 à 8, pièce nᵒ 55.)

Coût d'une tabatière enrichie de diamants pour notre usage. . . . 2,000 »

Id. d'une bague, de trois montres et de quatre chaînes en or. . . 3,097 8

Id. de bijouterie que nous l'avons autorisé à acheter par l'intermédiaire du ministre Moustapha Saleb-el-Tabée. 362,176 4

Id. d'une bague en brillants, achetée par son intermédiaire. . . . 30,000 »

Complément du coût des bijouteries achetées par son intermédiaire, et dont nous avons pris les brillants pour en faire des décorations à nos fils. 14,464 »

411,737 12 »

TROISIÈME COMPTE.

(Voir page 9, pièce nᵒ 55.

L'original de ce compte a été produit par M. Benaïad dans la septième communication.

Note du montant des joyaux envoyés en cadeau au Sultan et autres achetés par lui. . . . . 160,110 »

Id.   Id.   . . . . 196,850 »

Id.   Id.   . . . . 146,820 »

Id.   Id.   . . . . 86,025 »

Compté au cheikh, chef écrivain, le solde de la valeur des diamants et des brillants. . . . . 3,000 »

Compté à Nicolas Borzoni *idem* et autres objets. . . . . 34,181 »

Id.   à Pasqualin Gandolfo, *idem* roses Pasqualin Borzoni. . . . 9,767 8

Id.   à Haïm Forti, *idem* et d'une tabatière. . . . . 21,371 »

A reporter. . . . . 658,124 8   481,971 8 »

Report.	658,124	8	481,971	8 »
Compté à Pasqualin Gandolfo, *idem* roses.	3,712	8		
Id. à Elia Chamama, *idem* de bijouteries.	15,300	»		
Id. au consul de Suède, *idem* des brillants.	1,709	»		
Id. au négociant Reggio, coût de 550 grains de brillants, à piastres 40.	22,000	»		
Compté pour valeur de tabatières, diamants, brillants et or par l'entremise du kaïd Joussef.	14.193	12	744,977	12 »
Compté, à Hadj. Mesaour, le montant de tabatières d'or et d'une pendule en cuivre.	3,458	»		
Compté à l'orfèvre Alcan, coût de tabatières, bagues et autres objets.	10,880	»		
Id. Ben-Iardi, coût de bijouteries.	15,600	»		

QUATRIÈME COMPTE.

Dans ce compte, nous établissons une colonne particulière pour indiquer la quantité de diamants que le gouvernement avait achetés en 1262. (Voir page 16 et 17, pièce n° 55). L'original de ce compte a été produit par M. Benaïad dans la septième communication.

Coût d'une tabatière en or enrichie de brillants, le 3 djemad-el-tani 1252.	25,000	» »	25,000	» »	
Teskéré pour la valeur d'une tabatière, d'une bague, d'une montre et d'un carrosse, le 9 rebi-el-tani 1262.	6,950	» »	6,950	» »	
Id. d'une tabatière enrichie de brillants, le 3 djemad-el-tani 1262.	8,000	» »	8,000	» »	
Id. de 58 grains 1/2 de diamants roses, le 8 id. aoual id.	14,512	8 »	14,512	8 »	
Id. d'une tabatière enrichie de diamants, le 8 id. el-tani 1262.	5,000	» »	5,000	» »	
Id. de tabatières, chaînes, décorations, ornements, sabre et montres, le 13 kéda id.	74,300	» »	74,300	» »	
Id. d'une bague et de montres, le 14 id. . . .	34,875	» »	34,875	» »	
Id. de 13 tabatières, le 28 chaoual 1262. . . .	70,000	» »	70,000	» »	
Id. de vases en argent.	15,856	4 »	15,856	4 »	
Id. d'une tabatière et de couverture pour le petit-fils de Karamali	2,870	» »	2,870	» »	
A reporter.	257,363	12 »	257,363	12 »	1.226,949 4 »

Report.	257,363	12	»	257,363	12	»	1,226,949 4 »
Id. et d'autres dépenses pour le gouvernement, le 15 kéda 1263.	»	»		50,000	»	»	
Id. d'un sabre, le 13 kéda 1262.	3,500	»	»	3,500	»	»	
Id. de diamants et autres objets pour les décorations, par l'entremise de Pasqualin, le 15 kéda 1262.	19,564	»	»	19,564	»	»	
Id. d'or pour la garniture d'un sabre, le 12 kéda 1262.	4,000	»	»	4,000	»	»	
Id. de tabatières, d'une bague et d'un anneau, le 15 kéda 1262.	17,094	12	3	17,094	12	3	
Id. d'argenterie et d'un piano, le 20 chaoual 1262.	8,285	»	»	8,285	»	»	
Id. de diamants pour les décorations et autres, kada 1262.	403,151	4	»	403,151	4	»	
Id. de bagues, de poignards, d'une pierre et d'une tabatière, le 15 radjab 1262.	118,750	»	»	118,750	»	»	
Teskéré pour des diamants, de l'or et de l'argent, le 16 sfar 1263	»	»		15,098	8	»	
Id. une bague et des chaînes, le 15 id. . . .	»	»		1,505	»	»	
Id. une tabatière enrichie de pierres, id. . , .	»	»		4,000	»	»	
Id. des diamants pour les décorations et autres, achetés de Solal, le 12 kéda 1262.	15,836	»	»	15,836	»	»	
Id. des diamants pour les décorations et autres, achetés de Mecti, le 10 kéda 1262.	21,500	»	»	21,500	»	»	
Id. de montres, de bagues et d'argent comptant, le 15 sfar 1263.	»	»		52,600	»	»	
Id. façon de décorations et autres objets, le 13 kéda 1262.	32,000	»	»	32,000	»	»	
Id. de 1,422 grains 1/2 de diamants et de l'or pour les décorations, le 21 chaoual 1262.	54,224	»	»	54,224	»	»	
Id. des tabatières, des montres et de l'argent comptant, le 20 chaoual 1262	5,640	»	»	5,640	»	»	
Id. une paire de pistolets garnis en or, le 4 kéda 1262.	2,000	»	»	2,000	»	»	
Ie. de l'or, le 9 kéda 1262.	1,207	»	»	1,207	»	»	
Id. de la bijouterie, le 13 id.	145,000	»	»	145,000	»	»	
A reporter.	1,109,115	08	3	1,232,319	04	3	1,226,949 4 »

Report. . .	1,109,115 08 3	1,232,319 04 3	1,226,949 04
Id. des tabatières, des bagues et des montres, djemad-el-tani 1263.	» »	23,200 » »	
Id. des diamants, le 4 kéda 1262.	59,000 » »	59,000 » »	
Id. une tabatière et un sabre, 15 dit.	10.000 » »	10,000 » »	
Id. de trois tabatières portant le nom de Son Altesse, données aux illustres Sy-Ahmed-Benaba-el-Diaf, Sy-Mohamed-el-Mrabète et Sy-Saleh, général de brigade.	16,400 » »	16,400 » »	
Id. des diamants achetés pour décoration, à Falco, Daninos, Mina, Reggio et David Lumbroso, le 28 rabi-el-aoual 1264.	» »	526,504 » »	1,877,423 4 3
	1,194,515 12 3		3,104,372 8 3

N. B. — Nous avons dit que la délégation sur le sabtab avait été remise à **M.** Benaïad à valoir sur le quatrième compte. **M.** Benaïad prétend que c'est pour solder un autre compte dans lequel se trouvent, entre autres articles compris, des achats considérables de diamants; indépendamment des preuves que nous avons données pour établir que l'allégation de **M.** Benaïad est erronée, le quatrième compte prouve que c'est à valoir sur ce compte que la délégation a été donnée, parce que les à-comptes reçus sur la délégation s'y trouvent portés et que l'on y voit également figurer des achats de diamants pour une somme de 1,194,515 2 3 portées avant et après la délégation, et au moment même où elle était donnée, c'est-à-dire pendant l'année 1262.

Paris, le 21 avril 1856.

Examen des teskérés relatifs à la gorfa et aux fournitures diverses du général Benaïad.

PROCÈS-VERBAL.

Aujourd'hui lundi 21 avril, le général Sidi Kherreddine a fait, à la sous-direction du contentieux, en présence du général Mahmoud Benaïad, la déclaration suivante :

Je, soussigné, reconnais avoir pris connaissance des pièces qui m'ont été présentées par M. Benaïad, pièces concernant les comptes de la gorfa et ceux de ses fournitures en meubles, marbre, briques, bois de construction et de divers autres articles, tels que sel, olives, vinaigres, diamants, etc. Les dites pièces se divisent en cinq catégories :

Dans la première sont les pièces signées par Son Altesse le bey qui peuvent suffire à M. Benaïad comme preuve de livraison des objets y mentionnés ; toutefois, il faudrait déduire, du montant de ces teskérés, ceux que Benaïad n'a obtenu de certains fonctionnaires du gouvernement qu'en échange de bons qu'il leur a remis et qui sont au nombre de 204, bons qu'il n'a pas acquittés, ou sur lesquels il n'a donné que des à-compte.

Dans la seconde sont les teskérés signés par différentes personnes pour frais d'ouvriers, etc., dont je ne puis apprécier la valeur qu'après avoir reçu les renseignements de mon gouvernement.

Dans la troisième sont les simples notes ne portant aucune signature, et au sujet desquelles M. Benaïad lui-même n'a pu donner aucune explication ni même par qui elles sont écrites. Ces pièces ne peuvent être acceptées comme preuve qu'autant que le gouvernement reconnaîtrait comme sin·cères les frais ou les articles y portés.

Dans la quatrième sont les comptes ou notes de frais signés par M. Benaïad ou par ses agents et non justifiés. Ces pièces ne peuvent être acceptées qu'accompagnées des preuves à l'appui.

Enfin dans la cinquième sont les lettres de Son Altesse ou de Son Excellence le kasnadar, dans lesquelles il est demandé à M. Benaïad divers objets, lettres qui ne sont pas de la nature des teskérés, et qui ne prouvent nullement que ces objets aient été fournis par M. Benaïad.

Le soussigné fera remarquer que toutes les pièces quelles qu'elles soient, comprises dans les cinq catégories, laissent encore compte à faire quant aux prix concernant les objets qu'elles mentionnent. Pour ceux concernant la gorfa, si ces prix ne peuvent être dès à présent débattus, c'est parce qu'ils résultent de tarifs réglés entre le gouvernement et M. Benaïad, et consignés sur un registre remis signé par le bey à M. Benaïad et que ce dernier n'a pas jugé à propos de communiquer. Pour le prix des objets non tarifés et achetés par M. Benaïad pour compte du gouvernement, ils ne peuvent être admis que justifiés par des factures signées des vendeurs et ayant un caractère de sincérité.

La totalité de ces pièces a été déposée par moi en soixante paquets, sur lesquels j'ai inscrit leur numéro d'ordre d'un à soixante, et apposé mon cachet personnel.

Je déclare formellement que l'examen fait de ces pièces, leur classement et l'apposition de mon cachet ne constitue pas de ma part reconnaissance de la validité des pièces non signées du bey, ni de l'exactitude des prix y portés, que ces pièces soient ou non signées par le bey, ce qui donnera lieu à une prochaine note dans laquelle le soussigné présentera ses observations détaillées.

Observations du général Kherreddine sur les teskérés et autres produits par M. Benaïad, concernant ses comptes sur la gorfa, et pour ses diverses fournitures, communiqués au premier à la sous-direction du contentieux le 21 avril 1856.

M. Benaïad a communiqué au soussigné les teskérés qu'il possède concernant ses comptes pour la gorfa, et les diverses fournitures par lui faites pour le gouvernement, soit avant, soit après son départ. Ces pièces sont divisées en cinq catégories, comme il a déjà été expliqué dans le procès-verbal signé par le soussigné, le 21 du courant, à la sous-direction du contentieux.

Dans la première, sont les teskérés signés par Son Altesse qui peuvent suffire comme preuve des livraisons y mentionnées ; mais il reste à faire le compte de la valeur des objets qui composent ces livraisons, compte qui doit être dressé sur la base de l'observation qui va suivre. Beaucoup de ces teskérés n'ont été obtenus par M. Benaïad des fonctionnaires qui en étaient porteurs qu'en échange des bons qu'il leur a remis signés par lui ou ses agents ; ces bons, qui sont au nombre de deux cent-quatre, qui ont été produits par nous dans la septième communication, en outre de ceux que nous produirons prochainement, n'ont pas été acquittés par lui, ou du moins n'ont été payés qu'en partie : on devra conséquemment, lors du dressement du compte de tous les teskérés produits par M. Benaïad, faire la déduction de ceux sur lesquels il n'a rien été payé ou simplement une partie de leur montant.

Dans la seconde catégorie, viennent se placer les teskérés signés par différentes personnes, dont le soussigné ne pourra apprécier la valeur qu'après avoir été renseigné par son gouvernement, attendu qu'il ne connaît pas la signature de ces personnes, et que d'ailleurs il ignore si ces mêmes personnes avaient la faculté de recevoir les objets portés dans leurs reçus sans en apporter un teskéré signé du bey, il est ainsi nécessaire d'attendre les renseignements du gouvernement tunisien au sujet des pièces dont il s'agit.

Dans la troisième, sont les notes sans signatures, sans aucun signe d'authenticité, et M. Benaïad n'a pas même pu nommer leurs auteurs. La commission ne pourra blâmer le soussigné de refuser son acceptation à de semblables papiers, et à leur reconnaître le moindre caractère de pièces probantes avant du moins de savoir si le gouvernement a reçu les objets qui y sont portés, et s'il reconnaît sincères les faits qui y sont notés.

On trouve dans la quatrième catégorie les comptes ou notes de frais signés par M. Benaïad ou par ses agents. Sur ce genre de pièces M. Benaïad a deux sortes de preuves à effectuer : la première, qu'il était autorisé par le bey de faire ces dépenses; et l'autre, que les dépenses qu'il a faites s'élèvent réellement au chiffre porté dans ces notes.

Dans la cinquième, enfin, sont portées les lettres de S. A. ou de Son Exc. le kasnadar et autres, contenant demande de divers objets à M. Benaïad; ces lettres n'ont rien de la nature et de la forme des teskérés, et elles ne prouvent nullement que ces objets aient été fournis par M. Benaïad. Dans le compte de fournitures qu'il a présenté avant son départ à Si Boukris, écrivain du bey, pour être dressé régulièrement, on trouve beaucoup d'articles portés au débit du gouvernement sur des pièces pareilles, ce qui a été un des motifs, motif suffisant pour que ce compte n'ait pu être accepté comme sincère et fondé. Pour mettre la commission à même d'apprécier la justice de ce refus, on met sous ses yeux la traduction d'une de ces lettres : « A l'excellent, etc., notre fils le général Benaïad, que » Dieu le conserve ! Envoyez-nous deux tabatières, ou trois, enrichies de diamans, et il faut que de- « main elles soient chez nous. Salut de la part du pauvre devant son Dieu. Le muchir Ahmed-Bacha, « bey. Ecrit le 30 rebil-ewel 1268. »

De semblables lettres pouvaient être écrites journellement par S. A. ou par Son Exc. le kasnadar à M. Benaïad, en suite des charges et emplois qu'il occupait près du gouvernement. Chaque fois que S. A. avait besoin de tels ou tels objets, elle lui écrivait elle-même ou lui faisait écrire par son ministre et même par d'autres personnes pour lui en faire la demande. Cette lettre lui était transmise fermée par un courrier, comme une lettre de correspondance, et non comme un teskéré qui ne lui était remis par le porteur que contre la remise des objets y mentionnés. M. Benaïad portait lui-même à Son Altesse, ou lui faisait parvenir les objets demandés dans une quantité qui lui permît de faire un choix; s'il n'y avait rien parmi les objets présentés qui plaisait à Son Altesse, le tout était rendu à M. Benaïad; si, au contraire, il y avait dans le nombre quelque chose de sa convenance, le choix fait, le surplus était rendu à M. Benaïad, qui recevait un teskéré de Son Altesse portant l'énonciation exacte du prix des objets qu'elle avait acceptés, et dont il était crédité lors du dressement de ce compte; et c'était ainsi que cela se pratiquait en semblable occasion, même envers tous autres fournisseurs que M. Benaïad. Ce sont par conséquent les teskérés signés par le bey, qui seuls peuvent servir de preuve à M. Benaïad pour établir qu'il a rempli la commission dont il était chargé, et ce n'est pas une correspondance telle que celle qu'il a produite, qui peut y suppléer; car les lettres qui la composent ne fixent ni quantité, ni prix, ce qui forme la double base d'un achat d'objets quelconques. Aussi les teskérés délivrés après le choix de marchandises fait par le prince, déterminent-ils toujours l'un et l'autre; d'un autre côté, une lettre n'étant pas un teskéré au porteur, l'agent, en cas pareil, s'empresse de prendre le *teskéré signé par lui*, afin de s'en servir comme de la preuve écrite d'avoir rempli la commission dont il était chargé.

Il suit de tout cela que M. Benaïad est strictement obligé d'établir, comme il est du devoir de l'agent de le faire, qu'il a remis les objets dont la demande est faite par les lettres qu'il a produites, et que le prix porté au débit du gouvernement, est celui convenu entre Son Altesse et lui.

Venant de présenter les explications motivées par les différentes espèces de pièces fournies par

M. Benaïad, le soussigné va indiquer sur quelles bases doit être dressé le compte résultant des tes-kérés qui figurent dans ces pièces, et pour cela il doit les diviser en catégories, suivant le genre de services dont ils ressortent.

La première concerne la gorfa ; sur cet article, M. Benaïad devrait produire le registre signé par le bey qu'il a entre les mains, dans lequel se trouve consigné le prix des objets convenus entre le gouvernement et lui ; c'est sur cette base seulement que ce compte doit être dressé, ainsi que cela s'est toujours fait, et cela ne peut pas même être autrement, puisque les teskérés produits par M. Benaïad ne portent que la quantité et la qualité, sans mentionner les prix.

La seconde concerne la ferme des cuirs pour le temps où M. Benaïad en était fermier ; la convention qui a eu lieu entre le gouvernement et lui pour cette espèce de fournitures est consignée sur l'amhra du fermage. M. Benaïad est par conséquent tenu de présenter l'amhra pour dresser le compte d'après les prix qui y sont consignés.

La troisième catégorie concerne le vinaigre et les olives qu'il était chargé de fournir aux troupes, service qui a duré longtemps ; il était dans l'usage de porter sur ses comptes courants des sommes à valoir sur le prix de ses fournitures ; mais, pour être fixé sur le véritable prix, il faudrait, comme pour l'article précédent, avoir sous les yeux l'amhra du fermage, si ce service lui a été concédé comme fermier. Si, au contraire, il n'était en cette partie que simple agent du gouvernement, il devrait fournir d'une manière quelconque la preuve de la sincérité des prix qu'il réclame ; ce n'est qu'à cette condition, et en déduisant les piastres 173,428 04, qu'il a portées au débit du gouvernement dans ses divers comptes courants, que le compte peut être définitivement réglé.

Quant à la quatrième et dernière catégorie, composée des articles qu'il achetait pour le gouvernement, soit dans l'intérieur de la Régence, soit à l'étranger, tels que briques, marbres, bois de construction, diamants, etc., une première question s'élève rationnellement. M. Benaïad n'ayant opéré pour tous ces articles que comme l'agent du gouvernement, qui ne connaissait que lui pour tous ses achats, il doit, suivant le droit et l'usage à l'égard d'un agent ou mandataire, rapporter les factures acquittées par les vendeurs à l'appui des prix par lui réclamés. Si M. Benaïad prétend que pour ces articles il agissait envers le gouvernement comme fournisseur direct, il doit nécessairement produire l'amhra ou contrat formé entre le gouvernement et lui, dans lequel les prix seront exprimés. Cette fixation servirait de règle à l'arrêté du compte de ces articles. Si, pour le dernier cas, M. Benaïad pouvait se dispenser de cette production, et cette observation s'applique à toutes ses réclamations dans les mêmes circonstances, le gouvernement serait absolument à sa discrétion pour le prix des choses, et il serait ainsi le seul juge dans sa propre cause. Pour plus amples explications sur ce sujet, on se permet de renvoyer à la page 19 du mémoire présenté par le soussigné, sous le titre d'*Observations sur les pièces produites par M. Benaïad.*

Paris, 26 avril 1856.

Réclamations d'huiles de M. Benaïad.

Paris, le 26 mai 1856.

Procès-verbal d'une déclaration du général Kherreddine relative à une réclamation du général Benaïad s'élevant à 865,000 piastres pour prix de 35,000 métaux d'huile qui auraient été reçus par le bey pour le compte du général. (Voir *Réponse de Benaïad aux questions de la commission*, page 57, question IV.)

Les pièces ci-dessous énumérées ayant été présentées au général Kherreddine par le général Benaïad, dans les bureaux de la sous-direction du contentieux, le général Kherreddine a fait aujourd'hui 26 mai 1856 la déclaration suivante :

Je, soussigné, reconnais avoir pris connaissance des pièces qui m'ont été présentées par M. Benaïad, pièces concernant le compte des huiles, composées comme il suit :

Treize teskérés du bey, délivrés sur M. Benaïad, s'élevant ensemble à métaux .	1,845	1	»
Cent dix teskérés du bey, délivrés sur Chaaban-el-Mokadem, id.	4,327	5	»
Un teskéré du bey, délivré à M. Benaïad pour être crédité de son montant . .	5,750	»	»
Une délégation de S. A. sur Salah-Chiboub, en faveur de M. Benaïad, pour. .	4,000	»	»
Dix teskérés, signés par différentes personnes, s'élevant ensemble à	129	7	10

Cent trente-cinq teskérés portant ensemble un total de métaux, seize mille cinquante et un, treize saâs et dix rotolis d'huile. 16,051 13 10

« De tous ces articles, il n'y a que le premier qui est de mille huit cent quarante-cinq métaux et » un saâ huile que le soussigné reconnaît comme définitivement sans aucune réserve. »

Quand au second article de quatre mille trois cent vingt-sept métaux et cinq saâs, le soussigné ne peut le reconnaître que quand M. Benaïad aura présenté une lettre de Chaban-el-Mokadem reconnaissant la légitimité de la possession de ces teskérés par M. Benaïad. Cette réserve est commandée au soussigné par les raisons énumérées dans ses observations sur l'examen des teskérés d'huile.

Le teskéré de cinq mille sept cent cinquante métaux et la délégation de quatre mille métaux formant les troisième et quatrième articles ont été délivrés à M. Benaïad par Son Altesse le bey pour le solder des valeurs qui lui revenaient du fermage secret de Bizerte, et, par conséquent, je n'admets, au nom de mon gouvernement, les quantités énoncées dans lesdits teskérés qu'autant que

M. Benaïad reconnaîtra de son côté comme véritable la cause pour laquelle ce teskéré et cette délégation lui ont été délivrés, c'est-à-dire celle que je viens d'énoncer, me réservant de donner à ce sujet des explications complémentaires dans les observations que je présenterai sur les articles des huiles et de Bizerte.

Quant aux dix teskérés, signés par différentes personnes, portant ensemble cent vingt-neuf métaux sept saâs et dix rotolis, formant le cinquième article, ne sachant pas si ces pièces, dont je ne suis pas à même d'apprécier la valeur, peuvent être acceptées comme preuves suffisantes, je déclare n'avoir ni à les accepter, ni à les rejeter jusqu'à ce que j'aie reçu, à ce sujet, des renseignements de mon gouvernement.

Je déclare, en outre, avoir, à l'effet du présent, réuni toutes ces pièces en un seul paquet que j'ai scellé de mon cachet personnel, sur lequel j'ai inscrit pour marque la lettre A avec l'indication de ce qu'il contient.

Observations du général Kherreddine sur l'examen des teskérés d'huile qui lui ont été présentés par M. Benaïad à la sous-direction du contentieux, le 26 mai 1856.

Le soussigné a pris connaissance des teskérés d'huile qui lui ont été communiqués par M. Benaïad à la sous-direction du contentieux. Lesdits teskérés se divisent de la manière suivante :

110 teskérés du bey, délivrés sur Chaban-el-Mokadem. . . . . . . Métaux,	4,327 05 »
13 d° d° d° M. Benaïad	1,845 01 »
1 d° d° à M. Benaïad pour se créditer de	5,750 » »
1 délégation de Son Altesse sur Salah Chiboub en faveur de Benaïad . .	4,000 » »
10 teskérés signés par différentes personnes	129 07 10
135 teskérés portant ensemble . . . . Métaux.	16,051 13 10

Qant au premier article composé de 4,327 métaux 5 saâs d'huile, le gouvernement ne reconnaît pas M. Benaïad comme son créancier, parce que ces teskérés ont été délivrés sur Chaban-el-Mokadem ; c'est ce dernier qui a versé les huiles ; par conséquent le gouvernement n'a pour créancier à ses yeux que Chaban-el-Mokadem, et non M. Benaïad ; et il en est ainsi d'autant plus que ledit Chaban-el-Mokadem a présenté une requête à Son Altesse au sujet de ces teskérés, ainsi conçue :

« A Son Altesse notre maître et bienfaiteur le mouchir Mohammed Bacha Bey, etc.

» J'ai l'honneur d'exposer à Votre Altesse, qu'en 1267, j'ai pris de Son Altesse en fermage les re-
» venus des forêts de la Régence; j'ai payé le montant dudit fermage à Si Mahmoud Benaïad qui m'en
» a délivré des reçus ; d'un autre côté, le gouvernement a délivré sur moi des teskérés pour près de
» 35,000 métaux de Tunis, que j'ai versés; M. Benaïad me les a demandés pour les passer dans son
» compte avec le gouvernement et m'en donner un reçu ; je les lui ai consignés, mais il ne m'en a pas
» donné le reçu qu'il m'avait promis. Je viens par conséquent implorer la bonté de Votre Altesse en
» la priant si ledit Si Mahmoud se présentait avec ces teskérés, de les saisir entre ses mains jusqu'à
» ce que le susdit m'ait délivré un reçu pour ce qu'ils contiennent en huile. Enfin je prie Votre Altesse
» de vouloir bien me faire rendre ce qui m'est dû de la manière que Votre Altesse jugera convenable.
» Salut de la part de votre serviteur qui espère en votre générosité, Chaban-el-Mokadem, que Dieu
» l'ait en pitié, amen. Le 20 moharrem 1272.   » Signé : Chaban-el-Mokadem. »

Il résulte de tout cela que le gouvernement ne saurait admettre au crédit de M. Benaïad les 4,327 métaux 5 saâs d'huile qui ne lui appartiennent d'aucune manière, et que leur légitime propriétaire est celui seul qui avait ordre de les verser, c'est-à-dire Chaban-el-Mokadem; aussi ce dernier proteste-t-il que ces teskérés se trouvent sans motif légitime entre les mains de M. Benaïad.

Quant au teskéré formant le second article s'élevant à 1,845 métaux 1 saâ, ils ont été réellement versés par M. Benaïad, et on en porte le montant à son crédit.

Le montant du troisième teskéré n'a pas été versé par M. Benaïad, et ce n'est là qu'un des teskérés que Son Altesse délivrait à M. Benaïad pour en passer le montant à son crédit en contrepassement des revenus du fermage de Bizerte, comme nous l'avons expliqué dans tous nos mémoires, surtout pages 28 et suivantes de la *Réponse aux questions posées par le comité*. Ce teskéré porte la même date que la délégation de 4,000 métaux formant le quatrième article, délégation qui lui a été délivrée sur Salah Chiboub pour les revenus des dîmes de Ras-el-Djébel et de son saâ depuis l'année 1266, qui avaient été touchés par ce dernier. Ces deux articles n'ayant pas été versés par M. Benaïad, le gouvernement ne se reconnaîtrait débiteur pour leur montant qu'autant qu'il reconnaîtrait lui-même la vérité des choses, savoir qu'ils lui ont été délivrés pour complément de ce qui lui revient du fermage de Bizerte jusqu'à l'année 1267. Pour plus amples explications à ce sujet, on se réfère aux observations complémentaires du soussigné sur l'affaire de Bizerte, qu'il aura l'honneur de présenter bientôt au comité.

Quant aux dix teskérés portant ensemble 129 7 10 métaux d'huile formant le cinquième et dernier article, voici ce que l'on a à dire : Ces teskérés signés par différentes personnes doivent rester en suspens jusqu'à ce que le soussigné ait reçu les renseignements de son gouvernement à leur sujet, le soussigné ne connaissant ni la signature de ces personnes, ni si ces pièces ont été été échangées contre des teskérés du bey, ni si les quantités y mentionnées ont été reçues à valoir sur les téskérés du bey; par toutes ces raisons le soussigné ne peut donner aucune réponse, quant à présent, sur ce point.

La conséquence dernière sur tout ce qui précède, c'est que le seul article admis par le soussigné sans aucune réserve s'élève à . . . . Métaux.   1,845 1 » .

auquel il faudrait ajouter le solde du compte de 1268, s'élevant à .   17,637 6 3/4

Ce qui forme un total au crédit de M. Benaïad, de 19,482 7 3/4

Paris, le 27 mai 1856.

PARIS. — IMPRIMERIE CENTRALE DE NAPOLÉON CHAIX ET C°, RUE BERGÈRE, 20. — 6558.